Mon carnet de bord

POUR RÉUSSIR LE CRPE

2023

RETROUVEZ MARINA SUR SON BLOG ET SUR LES RÉSEAUX SOCIAUX :

MAISQUEFAITLAMAITRESSE.COM

MARINA EST ÉGALEMENT L'AUTEURE DE
MON PLANNER DE PROFESSEUR DES ÉCOLES
ET DE *MON BULLET AGENDA DE PROFESSEUR DES ÉCOLES*.

ISBN : 978-2-311-21494-9
Conception et coordination éditoriale : Hélène Jean-Baptiste
Conception de la couverture : Studio SMARTHE
Conception de l'intérieur et mise en pages : Studio SMARTHE
Illustration Avatar : Studio SMARTHE, d'après © Bukavik, Shutterstock

Cher ou chère CRPEiste,

Vous ouvrez ce carnet de bord pour vous lancer dans la grande aventure du CRPE 2023 et je vais avoir la joie de vous accompagner. Je m'appelle Marina et je suis professeure des écoles depuis 2004 et titulaire du CAFIPEMF depuis 2018. Auteure du blog « maisquefaitlamaitresse », très présente sur les réseaux sociaux, j'écris avec Vuibert des outils d'organisation pour les enseignants depuis cinq ans. Il était donc tout naturel de vous proposer ce carnet à vous, qui rêvez d'exercer ce beau métier.

Je vais vous aider à organiser vos révisions, à garder la motivation, à comprendre des concepts clés et à être acteur de vos apprentissages. En effet, au fil des mois, je vous propose des défis et vous invite à partager vos réponses grâce au hashtag « #déficrpedemarina ». En vous abonnant à ce hashtag sur Instagram, vous retrouverez les candidats qui utilisent le même outil que vous et aurez accès aux réponses que je vous posterai sur mon compte.

Je vous souhaite une belle année de préparation. Avec du travail, de la rigueur et une bonne organisation, vous êtes capables de soulever des montagnes ; croyez en vous, même dans les moments de découragement. Ce métier vaut la peine de se battre pour obtenir le fameux sésame du CRPE.

Au programme

Mode d'emploi

Avant d'entamer les révisions intensives, vous allez commencer par vous construire une vue d'ensemble du parcours à suivre qui vous mènera aux épreuves du CRPE.

Lisez les éditos de chaque mois afin d'avoir les conseils en tête dès maintenant. Vous pourrez les relire autant de fois que vous en aurez besoin.

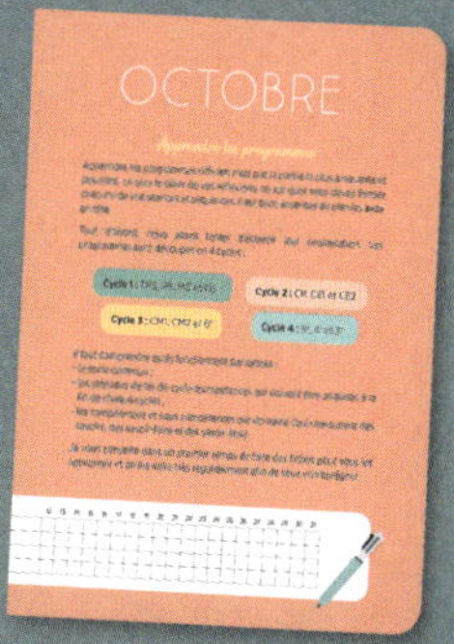

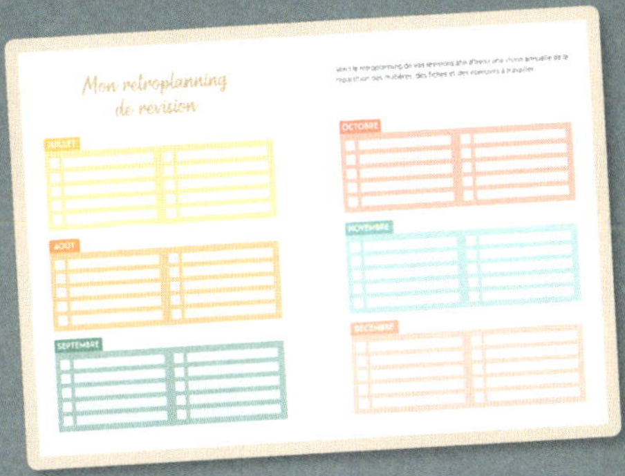

La première étape concrète est de remplir le rétroplanning avec les ouvrages que vous aurez choisis.

Ensuite, chaque mois, vous utiliserez votre rétroplanning pour établir votre plan de révision mensuel, en ajustant vos priorités en fonction de votre progression.

Chaque semaine, vous pouvez organiser vos fiches avec le code suivant : F : fiche réalisée L : fiche lue A : fiche apprise E : fiche évaluée.

Les épreuves d'admissibilité

60 points

LES ÉPREUVES D'ADMISSIBILITÉ (1/3 DES COEFFICIENTS)

- **Une épreuve écrite disciplinaire en français**, avec note éliminatoire à 5.

Durée : 3 heures | **Coefficient :** 1, 20 points

- **Une épreuve écrite disciplinaire en mathématiques**, avec note éliminatoire à 5.

Durée : 3 heures | **Coefficient :** 1, 20 points

- **Une épreuve d'application**, avec note éliminatoire à 5, permettant d'apprécier la capacité du candidat à proposer une démarche d'apprentissage progressive et cohérente.

Le candidat choisit au début de l'épreuve un sujet dans l'un des trois domaines suivants :
- sciences et technologies ;
- histoire, géographie, enseignement moral et civique ;
- arts.

Le candidat dispose d'un dossier comportant notamment des travaux issus de la recherche et des documents pédagogiques.

Durée : 3 heures | **Coefficient :** 1, 20 points

Notes

Les épreuves d'admission

Une première épreuve orale intitulée « leçon » a pour objet la conception et la présentation d'une séance d'enseignement et permet d'apprécier à la fois la maîtrise disciplinaire et la maîtrise de compétences pédagogiques. La leçon porte sur le français et les mathématiques. Pour chacune de ces matières, vous aurez 15 minutes d'exposé et 15 minutes d'entretien.

Durée : 1 heure | **Préparation :** 2 heures
Coefficient : 4, 20 points

Une deuxième épreuve orale d'entretien se déroule en deux temps :

- La première partie (30 minutes) est consacrée à l'EPS et à la connaissance scientifique du développement et de la psychologie de l'enfant.
- La deuxième partie (30 minutes) porte sur l'aptitude du candidat à se projeter dans le métier de professeur, sur sa motivation, les valeurs de la République et les droits et devoirs du fonctionnaire. L'oral doit permettre au candidat de faire valoir son parcours et de valoriser ses travaux de recherche.

Durée : 1 heure | **Coefficient :** 2 | **Préparation :** 30 minutes
20 points, 10 points par partie
(L'obtention d'un 0 à l'une des épreuves est éliminatoire.)

Une épreuve optionnelle de langue pour laquelle il faut choisir parmi les quatre langues suivantes : anglais, allemand, espagnol, italien. Seuls les points obtenus au-dessus de 10/20 sont pris en compte.

Durée : 30 minutes | **Préparation :** 30 minutes

Notes

Procédures et pièces à fournir

PIÈCES ADMINISTRATIVES

Attestations

AUTRES

Mon orga le jour J

LES ÉCRITS

TRAJET

Hôtel / Airbnb

LES ORAUX

TRAJET

Hôtel / Airbnb

Calendrier annuel

AOÛT	SEPTEMBRE	OCTOBRE
LU 1	JE 1	SA 1
MA 2	VE 2	DI 2
ME 3	SA 3	LU 3
JE 4	DI 4	MA 4
VE 5	LU 5	ME 5
SA 6	MA 6	JE 6
DI 7	ME 7	VE 7
LU 8	JE 8	SA 8
MA 9	VE 9	DI 9
ME 10	SA 10	LU 10
JE 11	DI 11	MA 11
VE 12	LU 12	ME 12
SA 13	MA 13	JE 13
DI 14	ME 14	VE 14
LU 15 *Assomption*	JE 15	SA 15
MA 16	VE 16	DI 16
ME 17	SA 17	LU 17
JE 18	DI 18	MA 18
VE 19	LU 19	ME 19
SA 20	MA 20	JE 20
DI 21	ME 21	VE 21
LU 22	JE 22	SA 22
MA 23	VE 23	DI 23
ME 24	SA 24	LU 24
JE 25	DI 25	MA 25
VE 26	LU 26	ME 26
SA 27	MA 27	JE 27
DI 28	ME 28	VE 28
LU 29	JE 29	SA 29
MA 30	VE 30	DI 30
ME 31		LU 31

Vacances scolaires :

ACADÉMIES EN ZONE A : Besançon, Bordeaux, Clermont-Ferrand, Dijon, Grenoble, Limoges, Lyon, Poitiers.

NOVEMBRE	DÉCEMBRE	JANVIER
MA 1 *Toussaint*	JE 1	DI 1 *Jour de l'an*
ME 2	VE 2	LU 2
JE 3	SA 3	MA 3
VE 4	DI 4	ME 4
SA 5	LU 5	JE 5
DI 6	MA 6	VE 6
LU 7	ME 7	SA 7
MA 8	JE 8	DI 8
ME 9	VE 9	LU 9
JE 10	SA 10	MA 10
VE 11 *Armistice 1918*	DI 11	ME 11
SA 12	LU 12	JE 12
DI 13	MA 13	VE 13
LU 14	ME 14	SA 14
MA 15	JE 15	DI 15
ME 16	VE 16	LU 16
JE 17	SA 17	MA 17
VE 18	DI 18	ME 18
SA 19	LU 19	JE 19
DI 20	MA 20	VE 20
LU 21	ME 21	SA 21
MA 22	JE 22	DI 22
ME 23	VE 23	LU 23
JE 24	SA 24	MA 24
VE 25	DI 25 *Noël*	ME 25
SA 26	LU 26	JE 26
DI 27	MA 27	VE 27
LU 28	ME 28	SA 28
MA 29	JE 29	DI 29
ME 30	VE 30	LU 30
	SA 31	MA 31

ACADÉMIES EN ZONE B : Aix-Marseille, Amiens, Caen, Lille, Nancy-Metz, Nantes, Nice, Orléans-Tours, Reims, Rennes, Rouen, Strasbourg.

ACADÉMIES EN ZONE C : Paris, Créteil, Versailles, Montpellier, Toulouse.

FÉVRIER

ME 1 ....
JE 2 ....
VE 3 ....
SA 4 ....
DI 5 ....
LU 6 ....
MA 7 ....
ME 8 ....
JE 9 ....
VE 10 ....
SA 11 ....
DI 12 ....
LU 13 ....
MA 14 ....
ME 15 ....
JE 16 ....
VE 17 ....
SA 18 ....
DI 19 ....
LU 20 ....
MA 21 ....
ME 22 ....
JE 23 ....
VE 24 ....
SA 25 ....
DI 26 ....
LU 27 ....
MA 28 ....

MARS

ME 1 ....
JE 2 ....
VE 3 ....
SA 4 ....
DI 5 ....
LU 6 ....
MA 7 ....
ME 8 ....
JE 9 ....
VE 10 ....
SA 11 ....
DI 12 ....
LU 13 ....
MA 14 ....
ME 15 ....
JE 16 ....
VE 17 ....
SA 18 ....
DI 19 ....
LU 20 ....
MA 21 ....
ME 22 ....
JE 23 ....
VE 24 ....
SA 25 ....
DI 26 ....
LU 27 ....
MA 28 ....
ME 29 ....
JE 30 ....
VE 31 ....

AVRIL

SA 1 ....
DI 2 ....
LU 3 ....
MA 4 ....
ME 5 ....
JE 6 ....
VE 7 ....
SA 8 ....
DI 9 ....
LU 10 *Lundi de Pâques* ....
MA 11 ....
ME 12 ....
JE 13 ....
VE 14 ....
SA 15 ....
DI 16 ....
LU 17 ....
MA 18 ....
ME 19 ....
JE 20 ....
VE 21 ....
SA 22 ....
DI 23 ....
LU 24 ....
MA 25 ....
ME 26 ....
JE 27 ....
VE 28 ....
SA 29 ....
DI 30 ....

Vacances scolaires :

ACADÉMIES EN ZONE A : Besançon, Bordeaux, Clermont-Ferrand, Dijon, Grenoble, Limoges, Lyon, Poitiers.

MAI	JUIN	JUILLET
LU 1 *Fête du travail*	JE 1	SA 1
MA 2	VE 2	DI 2
ME 3	SA 3	LU 3
JE 4	DI 4	MA 4
VE 5	LU 5	ME 5
SA 6	MA 6	JE 6
DI 7	ME 7	VE 7
LU 8 *Armistice 1945*	JE 8	SA 8
MA 9	VE 9	DI 9
ME 10	SA 10	LU 10
JE 11	DI 11	MA 11
VE 12	LU 12	ME 12
SA 13	MA 13	JE 13
DI 14	ME 14	VE 14 *Fête nationale*
LU 15	JE 15	SA 15
MA 16	VE 16	DI 16
ME 17	SA 17	LU 17
JE 18 *Ascension*	DI 18	MA 18
VE 19	LU 19	ME 19
SA 20	MA 20	JE 20
DI 21	ME 21	VE 21
LU 22	JE 22	SA 22
MA 23	VE 23	DI 23
ME 24	SA 24	LU 24
JE 25	DI 25	MA 25
VE 26	LU 26	ME 26
SA 27	MA 27	JE 27
DI 28	ME 28	VE 28
LU 29 *Pentecôte*	JE 29	SA 29
MA 30	VE 30	DI 30
ME 31		LU 31

ACADÉMIES EN ZONE B : Aix-Marseille, Amiens, Caen, Lille, Nancy-Metz, Nantes, Nice, Orléans-Tours, Reims, Rennes, Rouen, Strasbourg.

ACADÉMIES EN ZONE C : Paris, Créteil, Versailles, Montpellier, Toulouse.

Dates importantes

Inscription au CRPE

Dates des épreuves d'admissibilité

Dates des épreuves d'admission

MES PÉRIODES DE STAGE

DATES IMPORTANTES

QCM d'autoévaluation

www.lienmini.fr/21494-01

Pour entamer votre préparation, je vous invite à réaliser ce petit QCM disponible en ligne. Reportez-vous aux résultats en fin de QCM et à l'aide des explications ci-dessous, il vous permettra d'identifier plus facilement vos forces et vos faiblesses. Attention, dans certaines questions, plusieurs réponses sont parfois correctes.

Pour analyser vos résultats, voici les codes à retenir :
● **Connaissances des programmes**
▲ **Connaissances du système scolaire**
■ **Connaissances des pratiques pédagogiques**

Vous avez obtenu moins de 3 ■ : Je vous invite à travailler sur la conception des séances et à vous renseigner sur les différentes méthodes pédagogiques.
Vous avez obtenu 3 ou 4 ■ : Vous commencez à avoir des connaissances sur la préparation de classe et son fonctionnement, je vous invite à approfondir le sujet pour être incollable.
Vous avez obtenu 5 ou 6 ■ : Bravo, vous avez une très bonne connaissance de votre futur rôle d'enseignant et de la préparation de classe.

Vous avez obtenu moins de 3 ● : Votre connaissance des programmes officiels est insuffisante, je vous invite à les apprendre, c'est la base de votre futur enseignement.
Vous avez obtenu 3 ou 4 ● : Vous avez une connaissance générale des programmes, je vous invite à aller les approfondir afin de bien connaître les différentes nuances pour chaque cycle.
Vous avez obtenu 5 ou 6 ● : Bravo, vous avez une très bonne connaissance des programmes officiels, ce sera un atout pour le CRPE et pour la conception de vos futures séances.

Vous avez obtenu moins de 3 ▲ : Bien connaître le système éducatif et son histoire est important, je vous invite à approfondir ce domaine.
Vous avez obtenu 3 ou 4 ▲ : Vous connaissez le système éducatif dans ses grandes lignes, mais il va falloir continuer de travailler ce domaine afin d'avoir des références solides nécessaires aux épreuves orales.
Vous avez obtenu 5 ou 6 ▲ : Votre connaissance du système éducatif sera un bel atout pour les épreuves d'entretien, bravo.

MES FORCES
À EXPLOITER
Mes priorités
MES QUALITÉS
EN TANT
QU'ENSEIGNANT(E)

de révision
LA THÉORIE À RENFORCER
LES POINTS À AMÉLIORER SUR LE TERRAIN

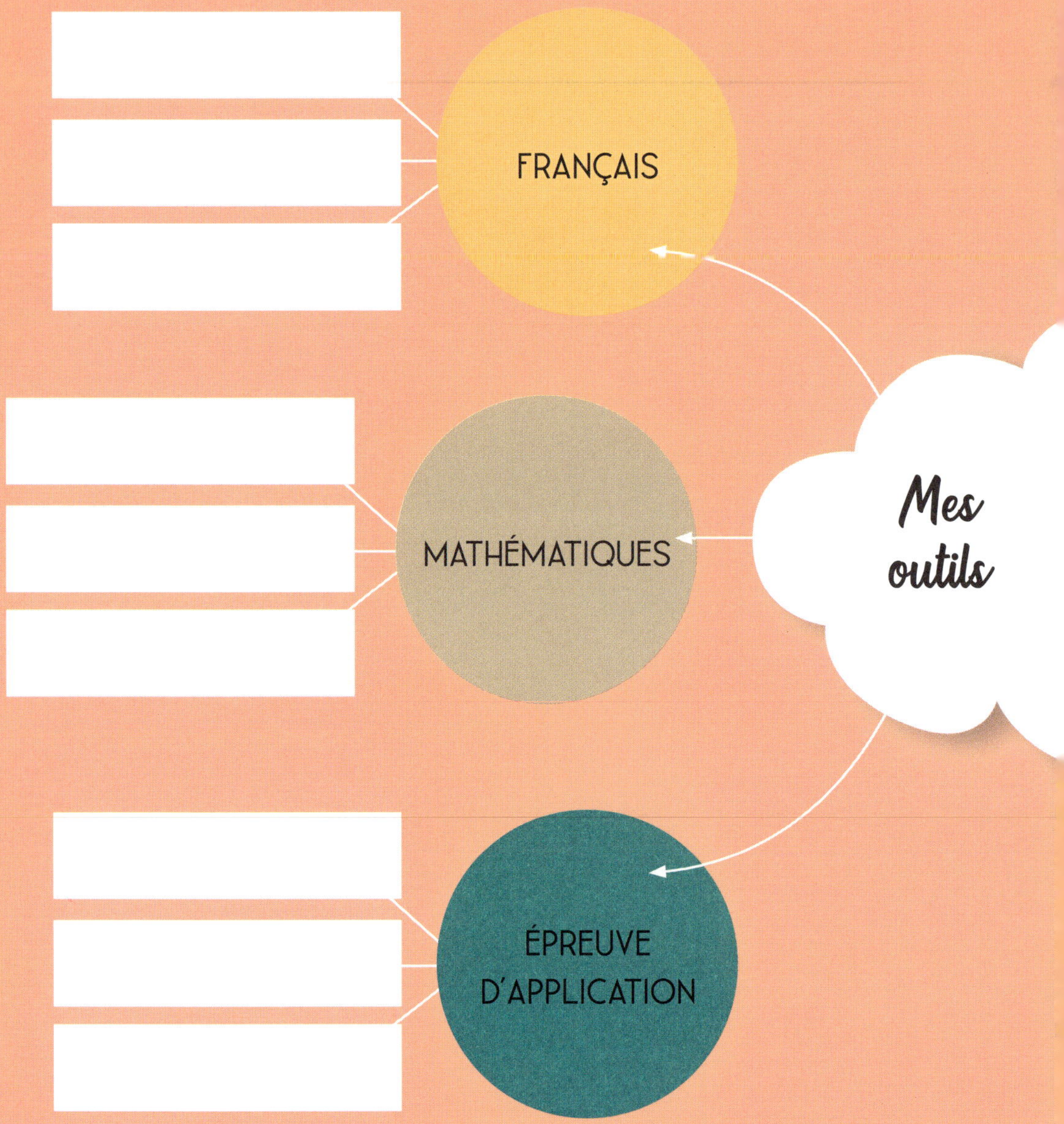
Mes outils
FRANÇAIS
MATHÉMATIQUES
ÉPREUVE D'APPLICATION

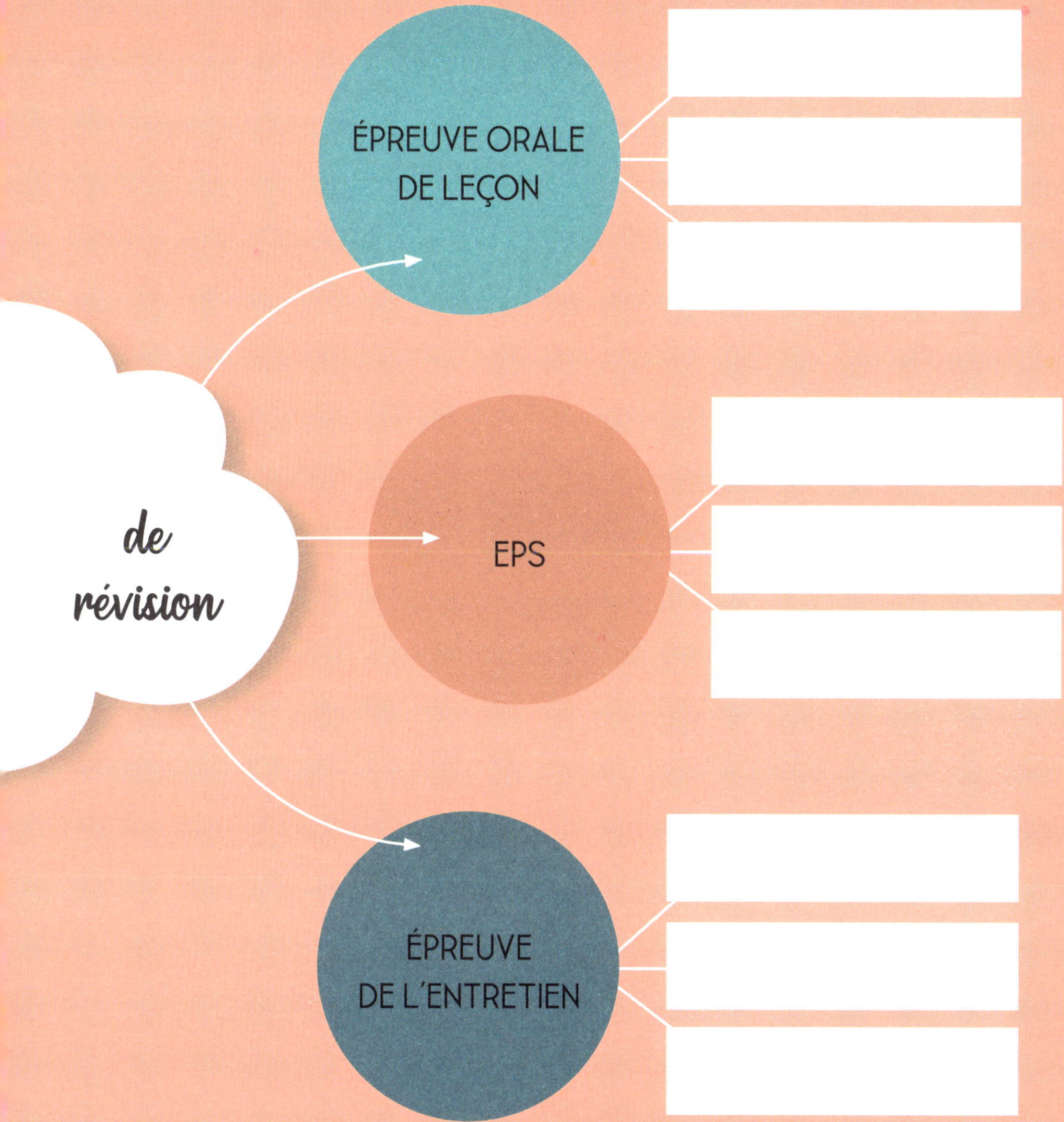
de
révision
ÉPREUVE ORALE
DE LEÇON
EPS
ÉPREUVE
DE L'ENTRETIEN

Mon rétroplanning de révision

AOÛT

SEPTEMBRE

OCTOBRE

Voici le rétroplanning de vos révisions afin d'avoir une vision annuelle de la répartition des matières, des fiches et des épreuves à travailler. Si vous êtes perdu pour réaliser un programme de révision, rendez-vous sur mon blog pour découvrir une proposition que vous serez libres de personnaliser.

www.lienmini.fr/21494-02

NOVEMBRE

DÉCEMBRE

JANVIER

Mon rétroplanning de révision

FÉVRIER

☐		☐	
☐		☐	
☐		☐	
☐		☐	
☐		☐	

MARS

☐		☐	
☐		☐	
☐		☐	
☐		☐	
☐		☐	

AVRIL

☐		☐	
☐		☐	
☐		☐	
☐		☐	
☐		☐	

MAI

JUIN

JUILLET

Motivation

La motivation est un paramètre important pour garder le moral et l'envie de travailler tout au long de cette année de préparation. Cette double page doit être celle que vous consultez en cas de baisse de régime pour vous rappeler pourquoi vous travaillez si fort.

POURQUOI JE VEUX FAIRE CE MÉTIER ?

LES JOLIS SOUVENIRS DE STAGE

QUAND LE CRPE SERA TERMINÉ, JE...

MES ENVIES DE FUTUR(E) PE

Ma check-list pour le jour J

Voici la liste de tout ce que vous devez avoir pour les épreuves. Pensez à préparer la veille : tenue, clés, sac ou cartable, et mettez de l'essence dans votre voiture.

Les écrits

Trousse :

- Stylos
- Encre
- Feutres fluo
- Effaceurs
- Blanc
- Crayon de papier ou critérium avec mines de rechange
- Gomme
- Taille-crayon

Matériel de mathématiques :

- Compas
- Règle
- Équerre
- Rapporteur
- Calculatrice (piles neuves)

Papiers :

- Convocation
- Carte d'identité valide

En-cas :

- Eau
- Petite collation

Trousse d'urgence :

- Médicament contre le mal de tête
- Élastique pour les cheveux
- Bouchons d'oreille
- Trousse pour traiter les allergies
- Mouchoirs
- Produit pour lentilles ou lunettes

- Montre
- Autre :

Les oraux

Trousse :

- Stylos
- Encre
- Feutres fluo
- Effaceurs
- Blanc
- Crayon de papier ou critérium avec mines de rechange
- Gomme
- Taille-crayon

Matériel de mathématiques :

- Compas
- Règle
- Équerre
- Rapporteur
- Calculatrice (piles neuves)

Papiers :

- Convocation
- Carte d'identité valide

En-cas :

- Eau
- Petite collation

Trousse d'urgence :

- Médicament contre le mal de tête
- Élastique pour les cheveux
- Bouchons d'oreille
- Trousse pour traiter les allergies
- Mouchoirs
- Produit pour lentilles ou lunettes

- Montre
- Autre :

MES RÉVISIONS

- [ ]
- [ ]
- [ ]
- [ ]
- [ ]
- [ ]
- [ ]
- [ ]
- [ ]
- [ ]
- [ ]
- [ ]
- [ ]
- [ ]
- [ ]
- [ ]
- [ ]
- [ ]
- [ ]
- [ ]

Dates et échéances

Mon tracker

1	2	3	4	5	6	7	8	9	10	11

AOÛT

Réaliser une veille pédagogique

Réaliser une veille pédagogique sera un gros atout pour le concours et pour votre future vie professionnelle. En effet, lors des épreuves, on attendra de vous que vous soyez au courant des derniers textes officiels, ainsi que de l'actualité dans le domaine de l'éducation.

Cela consiste à vous tenir informé comme le ferait un journaliste afin d'enrichir votre culture professionnelle, de découvrir de nouveaux outils et de percevoir les tendances en matière de pédagogie.

Fin août ou début septembre, en lien avec la rentrée qui approche, il y a souvent de nombreux sujets qui sont traités et il n'est pas rare que de nouveaux textes sortent à ce moment-là, comme des ajustements des programmes officiels. Il s'agira de ne pas les rater pour être à jour lors des épreuves.

Voici quelques conseils pour réaliser cette veille sans se noyer dans les ressources :

- utiliser les réseaux sociaux comme Twitter en suivant les comptes officiels de l'Éducation nationale ;
- être abonné à la liste de diffusion du Café pédagogique ;
- veiller à se fixer des temps raisonnables sur les écrans, qui peuvent vite vous détourner de vos révisions ;
- compiler les informations sur la double page prévue à cet effet.

Vous voici prêt à ne rien rater de l'actualité pédagogique.

	12	13	14	15	16	17	18	19	20	21	22	23	24	25	26	27	28	29	30	31

AOÛT

LUNDI	MARDI	MERCREDI	JEUDI
1	2	3	4
8	9	10	11
15 FÉRIÉ	16	17	18
22	23	24	25
29	30	31	

La distance entre tes rêves et la réalité s'appelle l'action.

VENDREDI	SAMEDI	DIMANCHE
5	6	7
12	13	14
19	20	21
26	27	28

NOTES

Mes objectifs

- ☐
- ☐

AOÛT

LUNDI 1er

MARDI 2

MERCREDI 3

JEUDI 4

VENDREDI 5

SAMEDI 6

DIMANCHE 7

To-do

Mes révisions

	F	L	A	E

CONSEIL

Accordez-vous une pause estivale, ressourcez-vous et profitez de l'été pour être en forme à la rentrée.

DÉFI

Saurez-vous donner le nom et la durée des quatre cycles de l'enseignement français ?

AOÛT

LUNDI 8

MARDI 9

MERCREDI 10

JEUDI 11

VENDREDI 12

SAMEDI 13

DIMANCHE 14

To-do

Mes révisions

	F	L	A	E

CONSEIL

Constituez-vous une pile de livres de pédagogie à lire, à votre rythme, pendant l'année, et commencez dès maintenant au bord de la piscine ou sur la plage.

ATTENTION

Enseigner *versus* Apprendre : enseigner, c'est transmettre à un élève des compétences et connaissances alors qu'apprendre est l'acte d'acquérir des enseignements.

AOÛT

LUNDI 15

FÉRIÉ

MARDI 16

MERCREDI 17

JEUDI 18

VENDREDI 19

SAMEDI 20

DIMANCHE 21

To-do

Mes révisions

	F	L	A	E

CONSEIL

Votre cartable est prêt pour votre future rentrée, les achats de papeterie et de beaux crayons sont toujours un plaisir, alors quitte à travailler, autant le faire avec des outils qui vous motivent : feutres fluo et Post-it seront des alliés précieux !

DÉFI

Au cycle 2, quelles sont les trois activités que l'on regroupe sous « écriture » dans les programmes officiels ?

AOÛT

LUNDI 22

MARDI 23

MERCREDI 24

JEUDI 25

VENDREDI 26

SAMEDI 27

DIMANCHE 28

To-do

Mes révisions

	F	L	A	E

CONSEIL

Cette semaine, je vous conseille d'organiser votre boîte mail en utilisant des listes grâce aux libellés : INSPE, organisme de préparation, CRPE, veille pédagogique, groupe d'échanges...

Mon bilan

- ☐
- ☐
- ☐

MES RÉVISIONS

Dates et échéances

Mon tracker

1	2	3	4	5	6	7	8	9	10	11

SEPTEMBRE

La rentrée

Septembre signe sûrement la rentrée à l'INSPE pour nombre d'entre vous, et si ce n'est pas le cas, c'est tout de même une période chargée qui débute, avec un nouveau rythme à prendre : sortir de l'été pour entrer dans l'automne. Vous allez retrouver un rythme effréné et il va falloir jongler entre les cours, les révisions, les devoirs à rendre, les réunions et vos impératifs personnels.

Pas de panique, nous allons voir comment vous aider au mieux à ne pas vous perdre dans votre organisation et à garder la motivation.

Tout d'abord, prenez le temps de planifier vos semaines de révision. Commencez doucement en essayant de ne pas trop prévoir dans votre semaine, afin d'atteindre vos objectifs et de rester ainsi motivé. Il sera toujours temps d'augmenter la cadence une fois que les bases de votre organisation seront bien posées.

Essayez de banaliser vos jours/soirées de révisions, soit en semaine, soit à des heures ciblées dans votre week-end si vous travaillez à côté. Pour les étudiants, n'oubliez pas de prévoir du temps pour les travaux qui vous seront demandés à l'INSPE. Enfin, gardez du temps libre, vous aurez besoin de souffler pour conserver votre motivation et continuer d'apprendre sans saturer.

	12	13	14	15	16	17	18	19	20	21	22	23	24	25	26	27	28	29	30

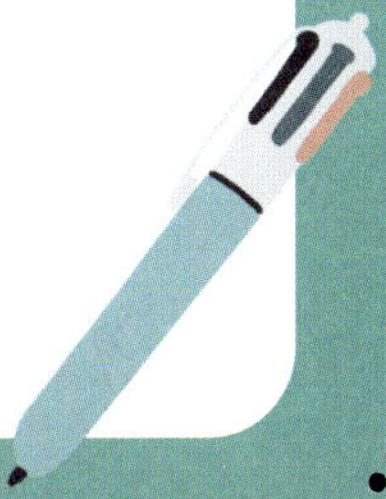

SEPTEMBRE

La chance ne sourit qu'aux esprits bien préparés.
Louis Pasteur

LUNDI	MARDI	MERCREDI	JEUDI
			1
5	6	7	8
12	13	14	15
19	20	21	22
26	27	28	29

NOTES

VENDREDI	SAMEDI	DIMANCHE
2	3	4
9	10	11
16	17	18
23	24	25
30		

Mes objectifs

- ☐
- ☐

AOÛT-SEPTEMBRE

LUNDI 29

MARDI 30

MERCREDI 31

JEUDI 1er

VENDREDI 2

SAMEDI 3

DIMANCHE 4

To-do

Mes révisions

	F	L	A	E

CONSEIL

Bonne rentrée aux étudiants en INSPE, et pour ceux qui préparent seuls ou qui sont en reconversion, profitez de ce mois de septembre pour commencer vos révisions.

DÉFI

Quand l'instruction est-elle devenue obligatoire pour tous ?

SEPTEMBRE

LUNDI 5

MARDI 6

MERCREDI 7

JEUDI 8

VENDREDI 9

SAMEDI 10

DIMANCHE 11

To-do

Mes révisions

	F	L	A	E

CONSEIL

Pensez à bien utiliser le tracker afin de voir si vous arrivez à garder l'équilibre (travail, sport, détente...).

Mot-clé

Institutionnalisation : c'est la mise en perspective des savoirs construits par les élèves. L'enseignant explicite les savoirs scolaires et en fait une référence commune pour tous les élèves. Elle peut être orale ou écrite.

SEPTEMBRE

LUNDI 12

MARDI 13

MERCREDI 14

JEUDI 15

VENDREDI 16

SAMEDI 17

DIMANCHE 18

To-do

Mes révisions

	F	L	A	E

DÉFI

Quelle méthode est recommandée pour apprendre à lire ? (Vous trouverez les réponses dans les documents d'accompagnement sur Éduscol.)

CONSEIL

Point très important : vérifiez les pièces justificatives à avoir pour vous inscrire au concours : les attestations de natation et de secourisme...

Vérifiez aussi la date de validité de votre carte d'identité pour le jour des épreuves.

SEPTEMBRE

LUNDI 19

MARDI 20

MERCREDI 21

JEUDI 22

VENDREDI 23

SAMEDI 24

DIMANCHE 25

To-do

Mes révisions

	F	L	A	E

CONSEIL

Se sentir soutenu est important. Essayez de rejoindre un groupe de personnes motivées pour réviser ensemble, à l'INSPE ou sur les réseaux sociaux si vous n'avez personne dans votre entourage pour vous aider.

ATTENTION

Progression *versus* Programmation : une progression est l'ensemble des séquences qui permettront aux élèves d'acquérir une compétence ou une connaissance. Une programmation, c'est l'organisation chronologique des apprentissages et compétences dans l'année.

SEPTEMBRE-OCTOBRE

LUNDI 26

MARDI 27

MERCREDI 28

JEUDI 29

VENDREDI 30

SAMEDI 1er

DIMANCHE 2

To-do

Mes révisions

	F	L	A	E

CONSEIL

Dressez un bilan de ce mois de révision. Voyez ce que vous avez réalisé et réfléchissez à la manière d'ajuster le mois suivant.

Mon bilan

- ☐
- ☐
- ☐

MES RÉVISIONS

Dates et échéances

Mon tracker

1	2	3	4	5	6	7	8	9	10	11

OCTOBRE

Apprendre les programmes

Apprendre les programmes officiels n'est pas la partie la plus amusante et pourtant, ce sera le pilier de vos réflexions, ce sur quoi vous devez fonder chacune de vos séances et séquences. Il est donc essentiel de bien les avoir en tête.

Tout d'abord, nous allons tenter d'éclaircir leur organisation. Les programmes sont découpés en 4 cycles :

Cycle 1 : TPS, PS, MS et GS

Cycle 2 : CP, CE1 et CE2

Cycle 3 : CM1, CM2 et 6^{e}

Cycle 4 : 5e, 4e et 3^{e}

Il faut comprendre qu'ils fonctionnent par strates :
- le socle commun ;
- les attendus de fin de cycle (compétences qui doivent être acquises à la fin de chaque cycle) ;
- les compétences et sous-compétences par domaine (qui regroupent des savoirs, des savoir-faire et des savoir-être).

Je vous conseille dans un premier temps de faire des fiches pour vous les approprier et de les relire très régulièrement afin de vous en imprégner.

12	13	14	15	16	17	18	19	20	21	22	23	24	25	26	27	28	29	30	31

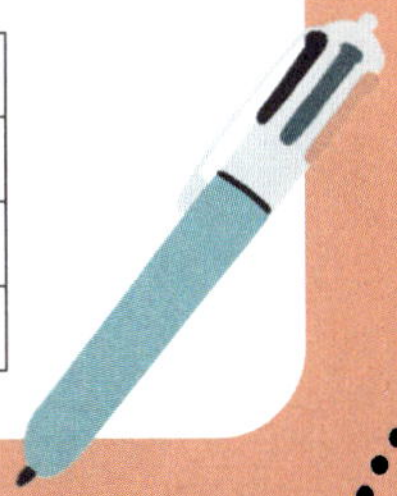

OCTOBRE

LUNDI	MARDI	MERCREDI	JEUDI
3	4	5	6
10	11	12	13
17	18	19	20
24	25	26	27
31			

Mes objectifs

- ☐
- ☐

VENDREDI	SAMEDI	DIMANCHE	NOTES
	1	2	
7	8	9	
14	15	16	
21	22	23	
28	29	30	

Croyez en vos rêves et ils se réaliseront peut-être.
Croyez en vous et ils se réaliseront sûrement.

Martin Luther King

OCTOBRE

LUNDI 3

MARDI 4

MERCREDI 5

JEUDI 6

VENDREDI 7

SAMEDI 8

DIMANCHE 9

To-do

Mes révisions

	F	L	A	E

CONSEIL

Imprimez les programmes, c'est important de les avoir sous les yeux, et commencez à mettre en évidence les différentes strates citées dans l'édito d'octobre selon un code couleur.

DÉFI

Qu'appelle-t-on « guides orange » et « rouge », qui sont utiles aux enseignants pour préparer leur classe ?

OCTOBRE

LUNDI 10

MARDI 11

MERCREDI 12

JEUDI 13

VENDREDI 14

SAMEDI 15

DIMANCHE 16

To-do

Mes révisions

	F	L	A	E

CONSEIL

Ne cherchez pas de socle commun au cycle 1, il n'existe pas. Le socle commun ne s'étend que du cycle 2 au cycle 4.

Mot-clé

Le socle commun de connaissances, de compétences et de culture concerne les élèves du CP à la troisième. Il s'agit de l'ensemble des connaissances, des compétences, des valeurs et des attitudes que l'élève doit acquérir pour réussir sa scolarité. Le socle se décompose en cinq domaines :

Domaine 1 : les langages pour penser et communiquer
Domaine 2 : les méthodes et outils pour apprendre
Domaine 3 : la formation de la personne et du citoyen
Domaine 4 : les systèmes naturels et les systèmes techniques
Domaine 5 : les représentations du monde et l'activité humaine

OCTOBRE

LUNDI 17

MARDI 18

MERCREDI 19

JEUDI 20

VENDREDI 21

SAMEDI 22

DIMANCHE 23

To-do

Mes révisions

	F	L	A	E

DÉFI

Je vous mets au défi de réaliser un document recensant toutes les classes de mots en français avec la méthode de synthèse de votre choix.

CONSEIL

Avez-vous réussi à déterminer la meilleure méthode pour mémoriser vos cours : tableau, fiche, liste, carte mentale ?

Ce qui fonctionne pour le voisin ne fonctionnera pas forcément pour vous.

OCTOBRE

LUNDI 24

MARDI 25

MERCREDI 26

JEUDI 27

VENDREDI 28

SAMEDI 29

DIMANCHE 30

To-do

Mes révisions

	F	L	A	E

CONSEIL

Des difficultés à rester concentré durant vos révisions ? Vous pouvez installer des applications sur votre téléphone qui permettront d'éviter les diversions pendant la période programmée.

Mon bilan

- ☐
- ☐
- ☐

MES RÉVISIONS

- [ ]
- [ ]
- [ ]
- [ ]
- [ ]
- [ ]
- [ ]
- [ ]
- [ ]
- [ ]
- [ ]
- [ ]
- [ ]
- [ ]
- [ ]
- [ ]
- [ ]
- [ ]
- [ ]
- [ ]

Dates et échéances

Mon tracker

1	2	3	4	5	6	7	8	9	10	11

NOVEMBRE

Les sigles de l'Éducation nationale

Vous allez vite vous en rendre compte, il y a énormément de sigles et d'abréviations dans l'Éducation nationale et ce n'est pas toujours simple de s'y repérer. Voici donc dans cet édito un petit mémo à garder en tête afin de comprendre ceux que vous ne manquerez pas de rencontrer lors de votre préparation et lors du concours.

AED : Assistant d'éducation
AESH : Accompagnant d'élèves en situation de handicap
APC : Activité pédagogique complémentaire
BO : Bulletin officiel
CAPD : Commission administrative paritaire départementale (là où sont validés les postes, par exemple)
CPC : Conseiller pédagogique de circonscription
DASEN : Directeur académique des services de l'Éducation nationale
DGESCO : Direction générale de l'enseignement scolaire
DSDEN : Direction des services départementaux de l'Éducation nationale (dirigé par un DASEN)
EMC : Éducation morale et civique
ENT : Espace numérique de travail
EPS : Éducation physique et sportive
ESS : Équipe de suivi de scolarisation
HDA : Histoire des arts
IA : Inspection académique ou Inspecteur d'académie
IA-IPR : Inspecteur d'académie-Inspecteur pédagogique régional
IEN : Inspecteur de l'Éducation nationale
MAT : Maître d'accueil temporaire
MDA : Maison départementale de l'autonomie
PAI : Projet d'accueil individualisé
PAP : Projet d'accompagnement personnalisé
PPRE : Programme personnalisé de réussite éducative
ULIS : Unité localisée pour l'inclusion scolaire

Tout n'y est pas, alors si vous cherchez un sigle, rendez-vous sur ce site : https://www.education.gouv.fr/glossaire

12	13	14	15	16	17	18	19	20	21	22	23	24	25	26	27	28	29	30

NOVEMBRE

LUNDI	MARDI	MERCREDI	JEUDI
	1 FÉRIÉ	2	3
7	8	9	10
14	15	16	17
21	22	23	24
28	29	30	

La détermination d'aujourd'hui mène au succès de demain.

VENDREDI	SAMEDI	DIMANCHE
4	5	6
11 FÉRIÉ	12	13
18	19	20
25	26	27

NOTES

Mes objectifs

- ☐
- ☐
- ☐

OCTOBRE-NOVEMBRE

LUNDI 31

MARDI 1er

FÉRIÉ

MERCREDI 2

JEUDI 3

VENDREDI 4

SAMEDI 5

DIMANCHE 6

To-do

Mes révisions

	F	L	A	E

CONSEIL

Je vous conseille de faire un petit carnet avec les définitions importantes, les mini-biographies de pédagogues, les grands courants pédagogiques...

Plus votre culture sera large, plus vous aurez de points d'appui pour nourrir vos présentations lors des épreuves.

NOTES

ATTENTION

Pédagogie *versus* Didactique :
la pédagogie, c'est l'ensemble des méthodes utilisées pour faire acquérir aux élèves de nouveaux apprentissages. La didactique, c'est la transmission des savoirs dans une discipline donnée.

NOVEMBRE

LUNDI 7

MARDI 8

MERCREDI 9

JEUDI 10

VENDREDI 11

FÉRIÉ

SAMEDI 12

DIMANCHE 13

To-do

Mes révisions

	F	L	A	E

DÉFI

Combien de courants pédagogiques connaissez-vous ? Je vous mets au défi d'en trouver au moins cinq et d'être capable de les présenter rapidement.

CONSEIL

Profitez de ce jour férié pour ne pas travailler mais pour organiser vos fiches et faire un peu de rangement dans votre espace de travail. Ensuite, prévoyez une activité « plaisir » pour souffler un peu.

NOVEMBRE

LUNDI 14

MARDI 15

MERCREDI 16

JEUDI 17

VENDREDI 18

SAMEDI 19

DIMANCHE 20

To-do

Mes révisions

	F	L	A	E

CONSEIL

N'oubliez pas de reporter dans le carnet vos notes obtenues aux différents travaux ou épreuves blanches afin de voir votre évolution et de définir vos forces et vos faiblesses.

Mot-clé

Cognition : ensemble des processus mentaux que les élèves utilisent pour acquérir de nouveaux apprentissages.

NOVEMBRE

LUNDI 21

MARDI 22

MERCREDI 23

JEUDI 24

VENDREDI 25

SAMEDI 26

DIMANCHE 27

To-do

Mes révisions

	F	L	A	E

CONSEIL

Je vous parlais de vos forces et de vos faiblesses, je vous invite à les noter par écrit.

Il est très important d'avoir une vision globale de votre parcours, cela vous servira lors des épreuves.

Mon bilan

- ☐
- ☐
- ☐

MES RÉVISIONS

Dates et échéances

Mon tracker

1	2	3	4	5	6	7	8	9	10	11

DÉCEMBRE

Bien-être et révisions

Décembre sonne l'heure d'une petite pause et du droit à un mois un peu cocooning : j'ai donc envie de vous parler de bien-être. En effet, le CRPE est un concours exigeant qui demande d'assimiler beaucoup de connaissances et qui génère beaucoup de stress et de remise en cause. La clé de la réussite ne réside pas seulement dans le travail acharné (même si cela risque de fonctionner, mais à quel prix ?), il faut surtout tenir sur la longueur. Vous retiendrez bien mieux vos cours en étant reposé, bien dans votre tête et épanoui.

1/ **Le sommeil :** la récupération par le sommeil est essentielle pour l'organisme, mais aussi pour intégrer toutes les connaissances vues dans la journée. En dormant, vous travaillez aussi, ne passez donc pas vos nuits à réviser.

2/ **L'alimentation :** travailler demande beaucoup d'énergie, il est donc indispensable de bien manger. Si vous êtes en hypoglycémie car vous ne prenez pas le temps de bien vous nourrir et ne comptez que sur le grignotage, votre corps n'aura pas les ressources nécessaires pour être attentif.

3/ **Le sport :** vous saturez ? Prenez une heure pour vous aérer, marcher, courir, aller à la salle de sport ou juste vous dépenser chez vous. Une activité physique permettra d'évacuer le stress et d'être plus disponible ensuite.

4/ **La vie sociale :** ne vous interdisez surtout pas de voir vos amis et vos proches, ils seront un soutien important et vous avez le droit de ne pas penser CRPE 24 h/24 !

12	13	14	15	16	17	18	19	20	21	22	23	24	25	26	27	28	29	30	31

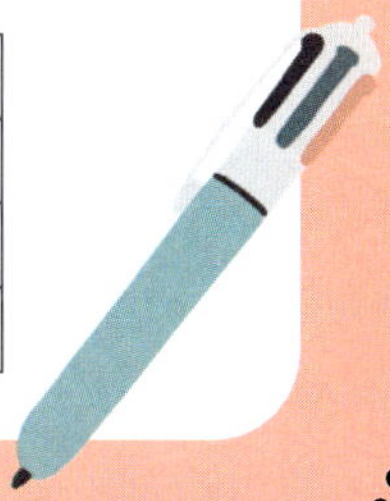

DÉCEMBRE

Pour ce qui est de l'avenir, il ne s'agit pas de le prévoir, mais de le rendre possible.

Antoine de Saint-Exupéry

LUNDI	MARDI	MERCREDI	JEUDI
			1
5	6	7	8
12	13	14	15
19	20	21	22
26	27	28	29

NOTES

VENDREDI	SAMEDI	DIMANCHE
2	3	4
9	10	11
16	17	18
23	24	25 FÉRIÉ
30	31	

Mes objectifs

- ☐
- ☐

NOVEMBRE-DÉCEMBRE

LUNDI 28

MARDI 29

MERCREDI 30

JEUDI 1er

VENDREDI 2

SAMEDI 3

DIMANCHE 4

To-do

Mes révisions

	F	L	A	E

CONSEIL

Connaissez-vous le *sketchnoting*, ou l'art de faire des synthèses à base de dessins et de mots-clés, une autre version des cartes mentales ?

DÉFI

Quelle est la différence entre le calcul automatisé et le calcul réfléchi ?

DÉCEMBRE

LUNDI 5

MARDI 6

MERCREDI 7

JEUDI 8

VENDREDI 9

SAMEDI 10

DIMANCHE 11

To-do

Mes révisions

	F	L	A	E

CONSEIL

N'hésitez pas à mettre par écrit vos émotions, les coucher sur papier peut vous aider si vous êtes sujet au stress.

ATTENTION

Objectif *versus* Compétence : l'objectif se situe du point de vue de l'enseignant, tandis que la compétence adoptera celui de l'élève.

DÉCEMBRE

LUNDI 12

MARDI 13

MERCREDI 14

JEUDI 15

VENDREDI 16

SAMEDI 17

DIMANCHE 18

To-do

Mes révisions

	F	L	A	E

DÉFI

Cette semaine, je vous mets au défi de construire une fiche de séance type. On doit y retrouver : les compétences, les objectifs, la durée de chaque phase, les consignes, les modalités de travail.

CONSEIL

Travaillez-vous sur de longues plages horaires ou sur des temps plus courts ? Plusieurs périodes courtes dans la journée seraient plus efficaces, à tester donc !

DÉCEMBRE

LUNDI 19

MARDI 20

MERCREDI 21

JEUDI 22

VENDREDI 23

SAMEDI 24

DIMANCHE 25

FÉRIÉ

To-do

Mes révisions

	F	L	A	E

CONSEIL

Vous avez déjà effectué une grosse partie du parcours et acquis de nombreuses connaissances. Accordez-vous une vraie pause pour les fêtes de fin d'année, une vraie semaine complète (voire deux) de coupure totale pour reprendre en force en janvier.

Mot-clé

Hétérogénéité : cela signifie qu'un groupe classe est composé d'élèves différents, aussi bien au niveau du milieu social qu'à celui des compétences, du rythme des apprentissages, de la motivation... On se doit d'enseigner à des individus et non à un groupe classe pris comme un tout.

DÉCEMBRE-JANVIER

LUNDI 26

MARDI 27

MERCREDI 28

JEUDI 29

VENDREDI 30

SAMEDI 31

DIMANCHE 1er

FÉRIÉ

To-do

Mes révisions

	F	L	A	E

CONSEIL

Je vous conseille de mettre une alarme le soir pour vous inciter à tout couper, révisions et réseaux sociaux, afin d'avoir de bonnes nuits réparatrices.

Mon bilan

- ☐
- ☐
- ☐

MES RÉVISIONS

- [ ]
- [ ]
- [ ]
- [ ]
- [ ]
- [ ]
- [ ]
- [ ]
- [ ]
- [ ]
- [ ]
- [ ]
- [ ]
- [ ]
- [ ]
- [ ]
- [ ]
- [ ]
- [ ]
- [ ]

Dates et échéances

Mon tracker

1	2	3	4	5	6	7	8	9	10	11

JANVIER

Les bonnes résolutions

Voici janvier avec ses bonnes résolutions. Quelles bonnes résolutions ?! Vous êtes déjà à fond depuis cet été. Peut-être, mais c'est tout de même un mois charnière dans vos révisions. En effet, si le concours vous semblait encore loin, tout à coup, il paraît se rapprocher dangereusement. Vous ressentez peut-être une baisse de régime, un ras-le-bol de travailler, une envie de laisser tomber, et c'est tout à fait normal. Rappelez-vous, je vous avais dit que c'était une course de fond… Ce mois-ci, après une coupure pour les fêtes, il est temps de se remettre au travail et de commencer à être stratégique. Vous allez donc programmer les révisions essentielles jusqu'à la date des écrits. Peut-être avez-vous pris du retard et ce n'est pas grave. Vous avez encore le temps de travailler et il faut accepter le fait que vous êtes au maximum de ce que vous avez pu faire et qu'il y aura toujours des choses à apprendre, mais cela ne vous empêchera pas de réussir.

Si vous n'avez pas encore commencé, je vous conseille de réaliser des épreuves blanches afin de vous imprégner des sujets que l'on va vous donner. Vous saurez à quoi vous attendre et vous allez continuer de réviser ainsi. Vous aurez aussi la possibilité d'affiner votre regard sur vos forces et vos faiblesses, que nous exploiterons dans l'édito de mars.

12	13	14	15	16	17	18	19	20	21	22	23	24	25	26	27	28	29	30	31

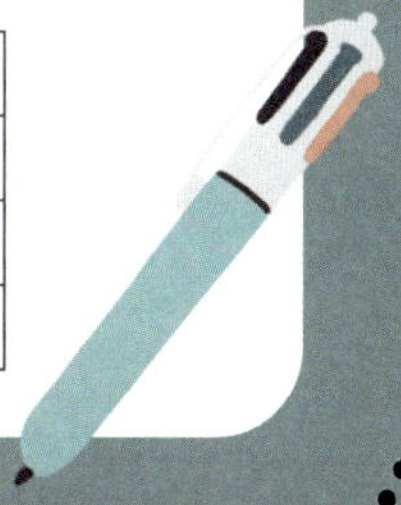

JANVIER

LUNDI	MARDI	MERCREDI	JEUDI
2	3	4	5
9	10	11	12
16	17	18	19
23	24	25	26
30	31		

Mes objectifs

- ☐
- ☐

VENDREDI	SAMEDI	DIMANCHE	NOTES
		1 FÉRIÉ	
6	7	8	
13	14	15	
20	21	22	
27	28	29	

Qu'est-ce qui conditionne la réussite ?
La capacité à soutenir un effort continu.

Henry Ford

JANVIER

LUNDI 2

MARDI 3

MERCREDI 4

JEUDI 5

VENDREDI 6

SAMEDI 7

DIMANCHE 8

To-do

Mes révisions

	F	L	A	E

CONSEIL

Programmez cette semaine toutes les révisions prévues jusqu'aux écrits.

DÉFI

Quelle est la différence entre les termes « EPS » et « sport » ?

JANVIER

LUNDI 9

MARDI 10

MERCREDI 11

JEUDI 12

VENDREDI 13

SAMEDI 14

DIMANCHE 15

To-do

Mes révisions

	F	L	A	E

CONSEIL

Avez-vous eu l'occasion de faire un stage ?

Si vous passez l'examen en candidat libre, je vous invite à solliciter les écoles pour vous confronter au terrain.

ATTENTION

Pluridisciplinaire *versus* Transdisciplinaire :
« pluridisciplinaire » implique que plusieurs disciplines sont travaillées en même temps, « transdisciplinaire » suppose que l'on construit une compétence à travers plusieurs disciplines, mais pas forcément au même moment.

JANVIER

LUNDI 16

MARDI 17

MERCREDI 18

JEUDI 19

VENDREDI 20

SAMEDI 21

DIMANCHE 22

To-do

Mes révisions

	F	L	A	E

DÉFI

Parlons phonologie à l'école : comment expliquer ce que sont un phonème et un graphème ? Pouvez-vous définir ce qu'est une entrée graphémique ?

CONSEIL

Petit à petit, passez les épreuves blanches en conditions réelles. Cela vous aidera à mieux gérer le temps le jour J.

JANVIER

LUNDI 23

MARDI 24

MERCREDI 25

JEUDI 26

VENDREDI 27

SAMEDI 28

DIMANCHE 29

To-do

Mes révisions

	F	L	A	E

CONSEIL

Pensez aussi à lire les rapports de jury qui vous guideront sur les attendus. Le concours de l'année dernière était le premier depuis la réforme, cela vous donnera des éclairages importants.

Mon bilan

- ☐
- ☐
- ☐

MES RÉVISIONS

Dates et échéances

Mon tracker

1	2	3	4	5	6	7	8	9	10	11

FÉVRIER

Conseils pour les stages

Si vous avez la chance de faire un stage, voici les conseils que je peux vous donner pour en profiter au maximum.

Écrivez à votre maître d'accueil temporaire (MAT) dès que possible pour vous présenter et demander à le rencontrer avant le début du stage afin de préparer au mieux celui-ci. Cela montrera votre sérieux et votre motivation.

Lors du stage, soyez ponctuel, attentif et respectueux. N'oubliez pas que vous êtes là pour apprendre et que vous allez avoir la possibilité de vivre la classe de l'intérieur. Aucune classe n'est parfaite, ni aucun enseignant. Prenez des notes en les organisant, vous pourrez intégrer des pratiques ou des petites astuces qui fonctionnent, notamment en ce qui concerne la gestion de classe ou la passation de consignes.

Posez toutes les questions que vous avez, l'enseignant qui vous accueille est là pour ça et il n'y a aucune question bête.

Enfin, si on vous en laisse la possibilité : prenez la classe au maximum, c'est en enseignant que l'on devient enseignant ! Et c'est vrai tout au long de la carrière. On peut craindre le regard de l'autre, surtout un adulte, mais surmontez cela et vous verrez que ce sera très formateur. Vos séances, très bien sur papier, vous apparaîtront fort différemment au contact des élèves.

Si vous en avez la possibilité, essayez de découvrir tous les cycles.

	12	13	14	15	16	17	18	19	20	21	22	23	24	25	26	27	28

FÉVRIER

LUNDI	MARDI	MERCREDI	JEUDI
		1	2
6	7	8	9
13	14	15	16
20	21	22	23
27	28		

Si vous pouvez le rêver, vous pouvez le faire.

Walt Disney

VENDREDI	SAMEDI	DIMANCHE	NOTES
3	4	5	
10	11	12	
17	18	19	
24	25	26	

Mes objectifs

- ☐
- ☐
- ☐

JANVIER-FÉVRIER

LUNDI 30

MARDI 31

MERCREDI 1er

JEUDI 2

VENDREDI 3

SAMEDI 4

DIMANCHE 5

To-do

Mes révisions

	F	L	A	E

CONSEIL

Une petite baisse de régime ?

Rappelez-vous votre source de motivation, ce qui vous donne envie de devenir professeur des écoles.

DÉFI

En parlant de motivation, quel est selon vous son impact sur l'apprentissage ?

FÉVRIER

LUNDI 6

MARDI 7

MERCREDI 8

JEUDI 9

VENDREDI 10

SAMEDI 11

DIMANCHE 12

To-do

Mes révisions

	F	L	A	E

CONSEIL

Avez-vous un petit carnet pour noter les bonnes pratiques pédagogiques ? Même s'il n'existe pas qu'une bonne pratique, les répertorier vous aidera à faire vos propres choix.

NOTES

Mot-clé

Pédagogie de projet : pédagogie qui met les élèves au cœur de leurs apprentissages à travers la réalisation d'une production finale ancrée dans le vécu des élèves.

FÉVRIER

LUNDI 13

MARDI 14

MERCREDI 15

JEUDI 16

VENDREDI 17

SAMEDI 18

DIMANCHE 19

To-do

Mes révisions

	F	L	A	E

DÉFI

Êtes-vous capable de citer cinq grands pédagogues contemporains ?

CONSEIL

Même si les écrits approchent, ne mettez pas de côté la préparation des oraux.

Il est aussi important de bien les préparer.

FÉVRIER

LUNDI 20

MARDI 21

MERCREDI 22

JEUDI 23

VENDREDI 24

SAMEDI 25

DIMANCHE 26

To-do

Mes révisions

	F	L	A	E

CONSEIL

Pour continuer sur les listes, vous pouvez organiser un répertoire d'expressions que vous rencontrez régulièrement et que vous pourrez utiliser : « élève acteur de ses apprentissages », « réussite de tous les élèves »…

Mon bilan

- ☐
- ☐
- ☐

MES RÉVISIONS

Dates et échéances

Mon tracker

1	2	3	4	5	6	7	8	9	10	11

MARS

Préparer les écrits

Vous vous mettez souvent une pression importante au sujet des écrits et c'est tout à fait normal, car c'est votre sésame pour la suite des épreuves. Voici quelques conseils pour vous présenter sereinement aux épreuves :

- Préparez vos affaires en avance grâce à la check-list du jour J. Dormez bien les jours précédents, inutile de vouloir passer vos soirées à réviser non-stop, ce serait contre-productif.
- Arrivez en avance, dans une tenue confortable, qui vous donne aussi de l'assurance.
- Lisez les sujets attentivement et servez-vous de ce que vous connaissez de vous : vos forces et vos faiblesses, dont je vous parle depuis des mois. Commencez par les épreuves dans lesquelles vous êtes le plus à l'aise – vos forces –, cela vous donnera confiance pour la suite. Vous pouvez au préalable préparer un décompte du temps que vous souhaitez passer sur chaque sujet.
- L'orthographe est primordiale, travaillez-la tout au long de l'année afin de rendre une copie qui contienne un minimum de fautes.
- À la sortie des épreuves, échangez sur vos impressions si vous en ressentez le besoin, mais évitez de comparer vos réponses, cela pourrait être une source d'angoisse inutile.

Je termine cet édito en vous souhaitant de donner le meilleur de vous, j'ai été à vos côtés durant ces longs mois et je vous souhaite de réussir.

12	13	14	15	16	17	18	19	20	21	22	23	24	25	26	27	28	29	30	31

MARS

LUNDI	MARDI	MERCREDI	JEUDI
		1	2
6	7	8	9
13	14	15	16
20	21	22	23
27	28	29	30

Tout est possible à qui rêve, ose, travaille et n'abandonne jamais.

Xavier Dolan

VENDREDI	SAMEDI	DIMANCHE	NOTES
3	4	5	
10	11	12	
17	18	19	
24	25	26	
31			

Mes objectifs

- [ ]
- [ ]
- [ ]

FÉVRIER-MARS

LUNDI 27

MARDI 28

MERCREDI 1er

JEUDI 2

VENDREDI 3

SAMEDI 4

DIMANCHE 5

To-do

Mes révisions

	F	L	A	E

CONSEIL

Besoin de travailler votre écriture ? Vous pouvez utiliser les cahiers d'entraînement du commerce comme ceux de Laurence Pierson publiés aux éditions MDI. Avoir une écriture lisible est important pour le concours et pour votre future carrière.

DÉFI

Je vous mets au défi de faire une page d'écriture de toutes les lettres en respectant les normes. Pensez à utiliser le hashtag #deficrpedemarina pour que je vienne regarder vos productions.

MARS

LUNDI 6

MARDI 7

MERCREDI 8

JEUDI 9

VENDREDI 10

SAMEDI 11

DIMANCHE 12

To-do

Mes révisions

	F	L	A	E

CONSEIL

Il est temps de préparer vos déroulés des épreuves. Servez-vous de la page qui récapitule vos forces et faiblesses ainsi que des concours blancs pour évaluer le temps que vous voulez passer sur chaque partie.

ATTENTION

Tâche *versus* Activité : l'activité est ce que doit produire l'élève alors que les tâches sont les différentes actions à faire pour réaliser l'activité.

MARS

LUNDI 13

MARDI 14

MERCREDI 15

JEUDI 16

VENDREDI 17

SAMEDI 18

DIMANCHE 19

To-do

Mes révisions

	F	L	A	E

DÉFI

Comment réagir lorsqu'un élève vient se plaindre à la récréation qu'un camarade s'est moqué de lui ou d'elle ?

CONSEIL

Cette semaine, je vous conseille de vérifier la check-list du jour J et de faire les achats nécessaires.

MARS

LUNDI 20

MARDI 21

MERCREDI 22

JEUDI 23

VENDREDI 24

SAMEDI 25

DIMANCHE 26

To-do

Mes révisions

	F	L	A	E

CONSEIL

Prenez soin de vous avant le grand jour : coiffeur, soin, séance de sport, sortie au grand air... tout ce qui peut vous faire du bien pour vous aider à être serein.

Mot-clé

Évaluation : elle permet d'avoir une réelle connaissance des acquisitions des élèves, et ouvrira à la remédiation et à la différenciation des parcours. Elle doit être un outil pour l'enseignant et les élèves.

MARS-AVRIL

LUNDI 27

MARDI 28

MERCREDI 29

JEUDI 30

VENDREDI 31

SAMEDI 1er

DIMANCHE 2

To-do

Mes révisions

	F	L	A	E

CONSEIL

Veillez à remplir correctement l'en-tête de votre copie et, comme vous le conseillerez à vos élèves, à bien lire les sujets et les consignes avant de vous lancer.

Mon bilan

- ☐
- ☐
- ☐

MES RÉVISIONS

Dates et échéances

Mon tracker

1	2	3	4	5	6	7	8	9	10	11

AVRIL

En attendant les résultats

Vous venez de terminer la première série d'épreuves et allez entrer dans une période délicate qu'il va falloir gérer d'une main de maître. En effet, vous venez de beaucoup donner et la tentation de relâcher vos efforts sera grande, mais c'est là qu'il faut rester concentré sur son objectif : la prochaine étape des oraux. Il va donc falloir se remettre au travail et se préparer pour ces dernières épreuves. Quels que soient vos résultats, ce ne sera jamais du travail pour rien. Les résultats sont toujours annoncés sur le site de l'Éducation nationale, donc vous pouvez les noter dans votre carnet de bord.

Dans un premier temps, accordez-vous quelques jours pour souffler et décompresser. Vous allez avoir besoin de ce sas de décompression pour repartir et vous remettre au travail. Essayez de mettre le CRPE en sourdine et de vraiment vous reposer.

Ensuite, vous allez organiser votre période de travail jusqu'aux oraux tout en mettant vos doutes de côté. Entrez dans cette préparation à cent pour cent.

Le jour des résultats, je tenterais bien de vous dire de rester zen, mais pour être passée par là, je sais que c'est beaucoup de stress. Essayez donc de vous entourer de proches qui pourront vous détourner de l'envie de rafraîchir la page des résultats toutes les secondes, et quel que soit ce résultat, soyez fier du parcours que vous avez entrepris !

12	13	14	15	16	17	18	19	20	21	22	23	24	25	26	27	28	29	30

AVRIL

LUNDI	MARDI	MERCREDI	JEUDI
3	4	5	6
10 FÉRIÉ	11	12	13
17	18	19	20
24	25	26	27

Mes objectifs

- ☐
- ☐

VENDREDI	SAMEDI	DIMANCHE	NOTES
	1	2	
7	8	9	
14	15	16	
21	22	23	
28	29	30	

Garder espoir, s'armer de patience et demain sera meilleur.

Mazouz Hacène

AVRIL

LUNDI 3

MARDI 4

MERCREDI 5

JEUDI 6

VENDREDI 7

SAMEDI 8

DIMANCHE 9

To-do

Mes révisions

	F	L	A	E

CONSEIL

Prenez le temps de coucher par écrit vos ressentis afin de vous recentrer sur vos objectifs.

DÉFI

Nous avons parlé évaluation le mois dernier : quels sont les principaux types d'évaluation que vous pouvez proposer à vos futurs élèves ? Quelles sont leurs caractéristiques ?

AVRIL

LUNDI 10

FÉRIÉ

MARDI 11

MERCREDI 12

JEUDI 13

VENDREDI 14

SAMEDI 15

DIMANCHE 16

To-do

Mes révisions

	F	L	A	E

CONSEIL

Beaucoup d'épreuves ont lieu cette semaine, bon courage à tous !

ATTENTION

Séquence *versus* Séance : une séquence est l'ensemble des séances réalisées pour atteindre un objectif fixé.

AVRIL

LUNDI 17

MARDI 18

MERCREDI 19

JEUDI 20

VENDREDI 21

SAMEDI 22

DIMANCHE 23

To-do

Mes révisions

	F	L	A	E

DÉFI

Le défi de cette semaine : listez les grandes phases d'une séquence.

CONSEIL

Prenez quelques jours pour vous détendre et on passe après au plan d'attaque pour les oraux.

AVRIL

LUNDI 24

MARDI 25

MERCREDI 26

JEUDI 27

VENDREDI 28

SAMEDI 29

DIMANCHE 30

To-do

Mes révisions

	F	L	A	E

CONSEIL

Travaillez votre entretien en commençant par le rédiger.

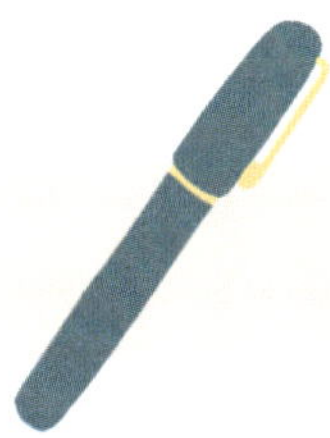

Mon bilan

- ☐
- ☐
- ☐

MES RÉVISIONS

- [ ]
- [ ]
- [ ]
- [ ]
- [ ]
- [ ]
- [ ]
- [ ]
- [ ]
- [ ]
- [ ]
- [ ]
- [ ]
- [ ]
- [ ]
- [ ]
- [ ]
- [ ]
- [ ]
- [ ]

Dates et échéances

Mon tracker

1	2	3	4	5	6	7	8	9	10	11

MAI

Réussir les oraux

Il est temps de vous donner des conseils pour les oraux. Je vais m'attarder sur des conseils pratiques sur la forme plutôt que sur le fond, que vous trouverez dans vos ouvrages de révisions.

1. Choisissez une tenue adaptée : vous devez être à l'aise mais il faut aussi penser à donner une image neutre et professionnelle.
2. Gérez le stress par l'entraînement. L'épreuve orale est difficile pour de nombreux candidats : ce n'est pas un exercice évident de parler devant un jury. Ainsi, le stress peut faire perdre ses moyens. La meilleure façon de réussir est de s'entraîner le plus possible. Tout d'abord, en vous filmant, vous pourrez voir l'image que vous renvoyez et les tics verbaux et gestuels à corriger. Ensuite, essayez de vous entraîner devant un proche ou un groupe d'amis/étudiants. Même s'ils sont extérieurs au concours ce n'est pas grave, l'objectif est de s'entraîner à parler face à un auditoire.
3. Installez-vous debout ou assis face au jury si on vous laisse le choix. Gardez une posture droite et les jambes décroisées. Pensez à regarder les personnes qui vous font face sans négliger aucune d'elles. Gardez le visage détendu et ouvert pour envoyer un message de confiance.
4. Face à une question du jury, prenez le temps de la comprendre et de formuler votre réponse. Répondez avec une voix posée et une diction claire. Ne craignez pas de ne pas répondre au tac au tac. Vous avez le droit de prendre le temps de la réflexion.

12	13	14	15	16	17	18	19	20	21	22	23	24	25	26	27	28	29	30	31

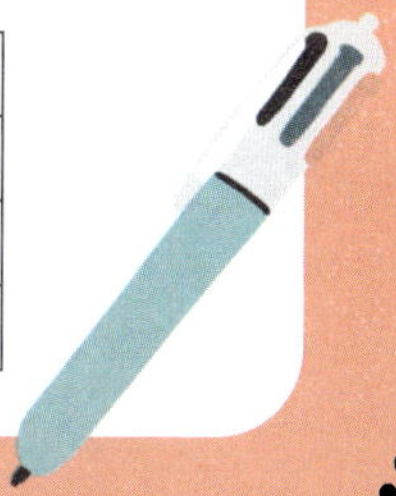

MAI

LUNDI	MARDI	MERCREDI	JEUDI
1 FÉRIÉ	2	3	4
8 FÉRIÉ	9	10	11
15	16	17	18 FÉRIÉ
22	23	24	25
29 FÉRIÉ	30	31	

Une des clés du succès est la confiance en soi.
Une des clés de la confiance en soi est la préparation.

Arthur Ashe

VENDREDI	SAMEDI	DIMANCHE	NOTES
5	6	7	
12	13	14	
19	20	21	
26	27	28	

Mes objectifs

- [ ]
- [ ]

MAI

LUNDI 1er

FÉRIÉ

MARDI 2

MERCREDI 3

JEUDI 4

VENDREDI 5

SAMEDI 6

DIMANCHE 7

To-do

Mes révisions

	F	L	A	E

CONSEIL

Choisissez votre tenue pour l'oral avec soin. N'hésitez pas à aller chez le coiffeur également pour vous sentir bien et en confiance.

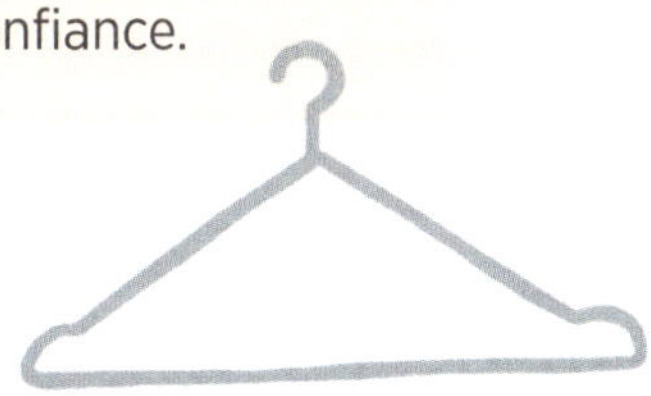

DÉFI

Défi de taille cette semaine : la leçon ! Je vous mets au défi de vous filmer en train de présenter une séance de 15 minutes (en français ou en mathématiques). Cela vous permettra d'être plus fluide lors de votre épreuve et de gommer certains gestes ou tics vocaux parasites. À refaire plusieurs fois.

MAI

LUNDI 8

FÉRIÉ

MARDI 9

MERCREDI 10

JEUDI 11

VENDREDI 12

SAMEDI 13

DIMANCHE 14

To-do

Mes révisions

	F	L	A	E

CONSEIL

N'hésitez pas à travailler votre posture face à un miroir, l'image que vous renvoyez au jury est importante.

Mot-clé

Situation problème : c'est une activité pédagogique qui va mettre les élèves en situation de recherche. Cette situation permet de rendre les élèves acteurs de leurs apprentissages.

MAI

LUNDI 15

MARDI 16

MERCREDI 17

JEUDI 18

FÉRIÉ

VENDREDI 19

SAMEDI 20

DIMANCHE 21

To-do

Mes révisions

	F	L	A	E

DÉFI

Construisez une séance en proposant une situation problème. Veillez à ce que les élèves soient bien en recherche. Vous pouvez regarder du côté des problèmes ouverts en mathématiques.

CONSEIL

Entraînez-vous à parler en conditions réelles. Le jury est un peu distancié, il faudra donc parler avec le volume approprié.

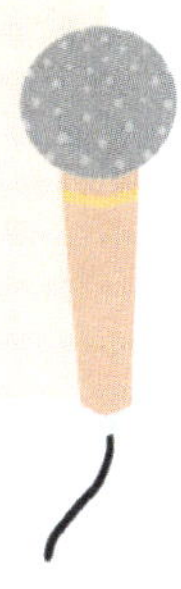

MAI

LUNDI 22

MARDI 23

MERCREDI 24

JEUDI 25

VENDREDI 26

SAMEDI 27

DIMANCHE 28

To-do

Mes révisions

	F	L	A	E

CONSEIL

Organisez vos notes pendant la préparation de l'épreuve (si elles sont autorisées) pour qu'elles soient concises et lisibles.

Elles ne doivent être qu'un point d'appui.

Mon bilan

- ☐
- ☐
- ☐

MES RÉVISIONS

- [ ]
- [ ]
- [ ]
- [ ]
- [ ]
- [ ]
- [ ]
- [ ]
- [ ]
- [ ]
- [ ]
- [ ]
- [ ]
- [ ]
- [ ]
- [ ]
- [ ]
- [ ]
- [ ]
- [ ]

Dates et échéances

Mon tracker

1	2	3	4	5	6	7	8	9	10	11

JUIN

La fin d'un parcours

Vous avez mis toutes les chances de votre côté et êtes fin prêt pour les oraux qui vont s'étendre de juin à juillet pour certains. J'espère que ce carnet de bord aura été un allié précieux et que les conseils et l'organisation que vous y aurez trouvés vous mèneront jusqu'au succès et à l'obtention du fameux sésame pour enfin enseigner.

Comment envisager la suite ? Il faudra déjà attendre de connaître le département d'affectation selon vos vœux et votre place au concours. Ensuite, on vous donnera un poste pour réaliser votre année de stage. D'un département à l'autre, les règles sont très différentes. Vous allez faire vos premiers pas en autonomie, mais rassurez-vous, vous serez accompagné par un maître formateur, un conseiller pédagogique et un référent INSPE.

Pour débuter, n'hésitez pas à vous appuyer sur des méthodes qui ont fait leurs preuves. Si vous avez apprécié ce carnet, peut-être que le *bullet agenda* et le *planner de professeur des écoles* que j'ai aussi publiés aux éditions Vuibert vous guideront sur cette nouvelle voie.

Pour d'autres, cela ne débouchera pas sur une issue positive, mais si c'est le métier que vous voulez faire, je vous encourage à persévérer. Je connais de nombreux très bons enseignants qui ont passé deux ou trois fois le concours. Essayez de faire le bilan, d'obtenir vos résultats, et tout le travail que vous avez fourni cette année sera une base solide pour vous représenter l'année prochaine.

12	13	14	15	16	17	18	19	20	21	22	23	24	25	26	27	28	29	30

JUIN

LUNDI	MARDI	MERCREDI	JEUDI
			1
5	6	7	8
12	13	14	15
19	20	21	22
26	27	28	29

Il n'y a pas de réussite facile
ni d'échecs définitifs.

Marcel Proust

VENDREDI	SAMEDI	DIMANCHE	NOTES
2	3	4	
9	10	11	
16	17	18	
23	24	25	
30			

Mes objectifs

- ☐
- ☐
- ☐

MAI-JUIN

LUNDI 29

FÉRIÉ

MARDI 30

MERCREDI 31

JEUDI 1er

VENDREDI 2

SAMEDI 3

DIMANCHE 4

To-do

Mes révisions

	F	L	A	E

CONSEIL

Vous avez le droit de buter sur une question et de ne pas savoir. Si vous ne savez pas, dites-le clairement en précisant qu'en cas de difficulté, vous vous référerez aux instructions officielles ou que vous solliciterez les conseillers pédagogiques, par exemple.

DÉFI

Citez les acteurs et les fonctions des personnels de l'Éducation nationale autres que les enseignants.

JUIN

LUNDI 5

MARDI 6

MERCREDI 7

JEUDI 8

VENDREDI 9

SAMEDI 10

DIMANCHE 11

To-do

Mes révisions

	F	L	A	E

CONSEIL

Les pensées positives sont parfaites pour la confiance en soi, répétez-vous que vous allez assurer !

ATTENTION

Différenciation *versus* Remédiation :
la différenciation c'est l'adaptation des activités pour qu'elles correspondent aux compétences de chaque élève. La remédiation intervient, elle, après avoir évalué une compétence. On propose alors de revenir sur un item échoué pour le faire acquérir à un élève (ou à un groupe d'élèves).

JUIN

LUNDI 12

MARDI 13

MERCREDI 14

JEUDI 15

VENDREDI 16

SAMEDI 17

DIMANCHE 18

To-do

Mes révisions

	F	L	A	E

DÉFI

Je vous invite cette semaine à faire une petite séance de yoga autour de la respiration pour vous aider à la gérer le jour J de l'oral.

CONSEIL

Apprenez à gérer votre stress par la respiration.

Bien respirer vous permettra aussi de parler avec aisance et à un rythme adapté.

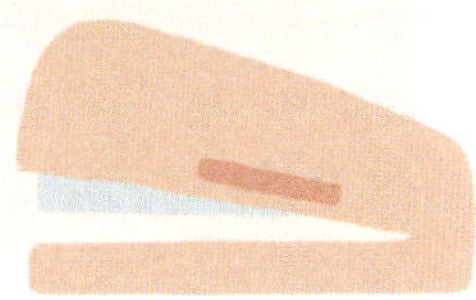

JUIN

LUNDI 19

MARDI 20

MERCREDI 21

JEUDI 22

VENDREDI 23

SAMEDI 24

DIMANCHE 25

To-do

Mes révisions

	F	L	A	E

CONSEIL

En sortant des épreuves, inutile de vous repasser l'entretien trop longtemps : les dés sont jetés, il faut maintenant s'armer de patience.

Mot-clé

Variable didactique : c'est ce sur quoi on peut agir pour différencier (baisser ou augmenter la difficulté des exercices) : longueur de l'exercice, temps donné, prise en charge de l'écriture par un tiers…

JUIN-JUILLET

LUNDI 26

MARDI 27

MERCREDI 28

JEUDI 29

VENDREDI 30

SAMEDI 1er

DIMANCHE 2

To-do

Mes révisions

	F	L	A	E

CONSEIL

Vos épreuves sont terminées ? Prenez le temps de faire le bilan de cette année, de ce que vous avez appris sur vous-même et votre motivation à faire ce métier.

DÉFI

On y est, dernière utilisation du #déficrpedemarina ! Je vous invite à rédiger un post de bilan en choisissant un mot qui résumerait votre année de préparation.

JUILLET

LUNDI 3

MARDI 4

MERCREDI 5

JEUDI 6

VENDREDI 7

SAMEDI 8

DIMANCHE 9

To-do

Je prépare la suite

NOTES

CONSEIL

Vous avez commencé cette préparation il y a près d'un an, il sera bientôt l'heure de faire une pause bien reposante, quoi que l'année prochaine vous réserve.

Triez, rangez, classez, cela vous aidera à aller de l'avant.

ATTENTION

Hétérogène *versus* Homogène : quand vous aurez votre classe, vous ferez des travaux de groupes. Il faudra alors faire des choix : groupes homogènes, avec des élèves ayant les mêmes niveaux de compétences, ou hétérogènes, qui rassemblent alors des élèves de niveaux de compétences différents.

JUILLET

LUNDI 10

MARDI 11

MERCREDI 12

JEUDI 13

VENDREDI 14

FÉRIÉ

SAMEDI 15

DIMANCHE 16

To-do

Je prépare la suite

NOTES

CONSEIL

Il est, je crois et j'espère pour vous, temps de laisser le CRPE derrière vous, et de profiter de vacances plus que méritées.

Mon ressenti

Mes stages

Selon votre parcours, vous aurez l'occasion d'aller en stage dans des écoles. Je vous conseille de diversifier vos expériences car rien ne vous assurera d'enseigner dans un niveau ou un autre une fois le CRPE en poche. Plus vous aurez vu de niveaux, et plus grande sera votre connaissance du système éducatif.

Stage 1 :

Nom de l'école : ....

Adresse : ....

....

....

MAT : ....

Numéro : ....

Horaires de l'école : ....

Prise de notes

Stage 2 :

Nom de l'école : ....

Adresse : ....

....

....

MAT : ....

Numéro : ....

Horaires de l'école : ....

Prise de notes

Stage 3 :

Nom de l'école : ....

Adresse : ....

....

....

MAT : ....

Numéro : ....

Horaires de l'école : ....

Prise de notes

Mon bilan de l'année

Voilà de quoi garder trace de cette année de travail en y consignant vos notes et surtout vos impressions. Ce bilan vous permettra d'aller de l'avant et d'envisager la suite de votre parcours plus sereinement.

LES ÉCRITS

Épreuve 1
Note :
Seuils :

Épreuve 2
Note :
Seuils :

Épreuve 3
Note :
Seuils :

LES ORAUX

Oral 1
Note :
Seuils :

Oral 2
Note :
Seuils :

Mes notes

Mes impressions

Veille pédagogique

Achevé d'imprimer en mai 2022 par L&C en Pologne
N° éditeur : MAGSI20211399
Dépôt légal : juin 2022